I0815677

Marginales

Nuevos textos sagrados

Colección dirigida por
Antoni Marí

José Emilio Pacheco

SIGLO PASADO (DESENLACE)

[POEMAS 1999-2000]

Diseño de la colección: Clotet-Tusquets
Ilustración de portada: © Alicia Sandoval
Fotografía del autor: © Rogelio Cuéllar Ramírez
Colección: Marginales
Serie: Nuevos textos sagrados

Bajo el sello editorial TUSQUETS M.R.
Avenida Presidente Masarik núm. 111,
Piso 2, Polanco V Sección, Miguel Hidalgo
C.P. 11560, Ciudad de México
www.planetadelibros.com.mx

Primera edición impresa en México: junio de 2025
ISBN: 978-607-39-2919-6

Impreso en los talleres de Impregráfica Digital, S.A. de C.V.
Av. Coyoacán 100-D, Valle Norte, Benito Juárez
Ciudad de México, C.P. 03103
Impreso en México - *Printed in Mexico*

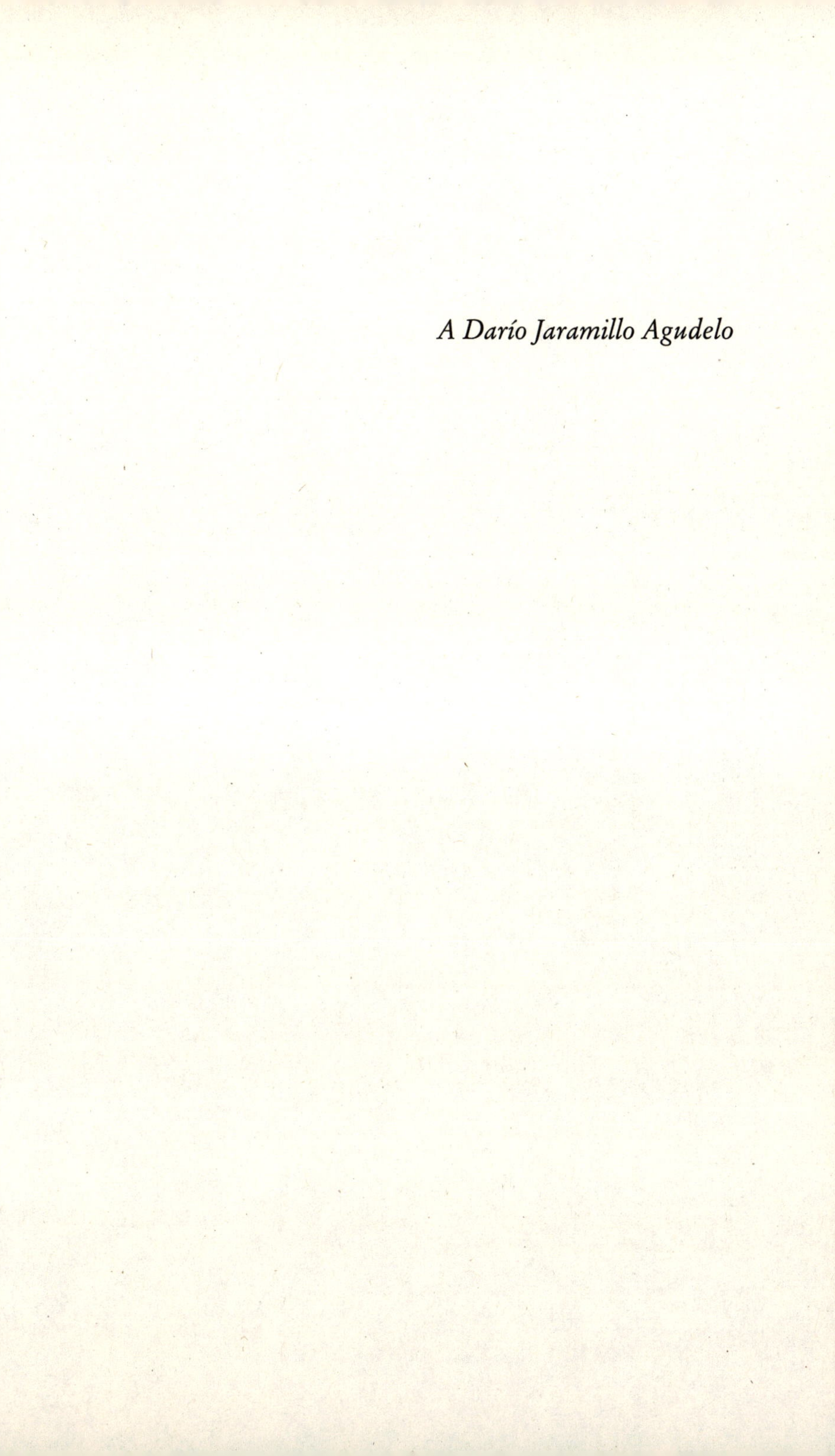

A Darío Jaramillo Agudelo

Fue la edad fría de la guerra.
La edad tranquila del odio.

PABLO NERUDA, *Fin de mundo*

A TRAVÉS DE LOS SIGLOS

Lo posmoderno ya se ha vuelto preantiguo.
Todo pasó. «Eres muy siglo veinte»,
me dice la muchacha del 2001.

Le contesto que no: soy el más atrasado.
En mi penoso ascenso por el correr de los años
ya estoy deshecho y con la lengua de fuera
y aún no he llegado al piso XIX,
donde me aguarda,
de cuello duro y con bombín y leontina,

nuestro señor 1904.

DERROTA DE BILL GATES

Después del gran calor y el brillo intolerante del sol
la tormenta eléctrica,
la lluvia que no anunció su llegada.
Y el trueno inmenso, emperador de los aires,
hace que el mundo estalle en los conductores eléctricos,
borra la luz,
nos deja en las tinieblas incomputables
y nos vuelve por un instante
sombras de un mundo antiguo sin electrónica,
aprendices de espectro, aire en el aire.

DEFENSA DE LA «Ñ»

Este animal que gruñe con eñe de uña
es por completo intraducible.
Perdería la ferocidad de su voz
y la elocuencia de sus garras
en cualquier lengua extranjera.

Uno tras otro le devuelvo al mar
los restos de las ruinas de mis naufragios.
Y me quedo en la orilla como un cangrejo
que no sabe ser pez ni araña
y, por buscar la dulce oscuridad cavando en la arena,
termina por morir en el agua hirviendo.

OTREDAD, OTRA EDAD

¿Qué pensaría de mí si entrara en este momento
y me encontrase en donde estoy, como soy,
aquel que fui a los veinte años?

PÁGINA

Gracias, mil gracias, todo está muy bien.
Celebro lo que hacen y lo agradezco.
Me gustan mi laptop y mi laserprinter.
Pero soy como soy y no son para mí
poemas en pantalla ni a muchas voces
ni con animaciones electrónicas.
Me quedo (aunque sea el último) con el papel.
La página no es, como se dice ahora, un *soporte*:
es la casa y la carne del poema.
Allí sucede aquel íntimo encuentro
que hace de otras palabras tu mismo cuerpo
y te vuelve uno solo con lo que dicen sus letras.

LA MULATA DE CÓRDOBA

La niña pintó un cuadro, el más hermoso del mundo.
Y me miró y sonrió y, como La Mulata de Córdoba,
subió a la nave que en la pared se echó a andar
y se perdió entre los mares.

PANTENONES

Veo entre la niebla el cementerio en silencio.
No pienso en otro mundo: me indigna éste
que se deshace así de los muertos.
Da horror pensar en los restos abandonados,
más durables que afectos y gratitudes.

Hay que acabar con los panteones y su intolerable
perpetuación del olvido
Todos debemos ser ceniza arrojada al aire,
volver cuanto antes al polvo
que en su misericordia nos absuelva y acoja.

LECCIÓN DE ESTILO

Lección de estilo: los sapos
a orillas de su charca,
bien sentaditos,
frescos, felices,
con la piel húmeda bajo el calor del verano,

parecen dar las gracias por su breve existencia.

OJO DE HORMIGA

Cuando vuelva el cometa no estaré aquí.
O mejor dicho: seguiré en esta tierra
—pero ya convertido en ojo de hormiga.

RETORNO

Entre la lluvia cae una hoja que hace un segundo era nueva.
La había inventado la luz, llegaba de lejos,
de los primeros bosques inmemoriales
que llenaron todo el planeta.

Gira la hoja y cae en la alcantarilla sedienta
para que el mar la absorba y la desintegre.
Y un día vuelva a la luz y regrese a ser hoja y vuele
bajo otra lluvia que ha de resonar
dentro de muchos siglos.

ENCUENTRO

Ya me encontré a mí mismo en una esquina del tiempo.
No quise dirigirme la palabra,
en venganza por todo lo que me he hecho con saña.
Y me seguí de largo y me dejé hablando solo
—con gran resentimiento por supuesto.

MODA

La moda pasa de moda.
La desnudez sigue intacta
como al principio del mundo.

ESCLAVOS

Con el sudor de los esclavos se ha hecho y se hace este
mundo.
Pero nunca sabremos
quién es el verdadero capataz
ni qué ruina futura
estamos ayudando a levantar
con nuestro grano de arena.

DECLARACIÓN DEL ATRAPADO

Por creerme muy zorro caí en la trampa.
Y qué impresión cuando los colmillos de acero
se clavaron en mí y susurró la desgracia:
«Te esperaba. Recuerda que no hay salida.»

Al hecho consumado y a lo innegable,
opongo en desgarrada defensa propia
el último recurso porque ya viene mi ejecutor a ultimarme:
Me estoy royendo la pata
y, aunque en pedazos, voy a salir de la trampa.

CUESTIÓN DE ESDRÚJULAS

Fulgor metálico, esférico
en la distancia lacónica.
No era una cúpula de oro
sino la bóveda fúnebre
de una central nucleoeléctrica.

DILUVIO

Ahora la lluvia le dice *basta* a la tierra.
Quiere ocupar lo que fue suyo. Desde hoy
todo será de nuevo el absoluto imperio del agua.

Se reblandecen y se vienen abajo
los monumentos erigidos para glorificar nuestra nada,
para creernos un poco menos efímeros.

Sólo hubo un Arca. Sus vestigios se pierden
en el Monte Ararat inalcanzable. Ya no hay salida.

El aire mismo está anegado de lluvia.
Lo que era el sol se ha vuelto apenas la sombra
en donde cae para siempre la lluvia.
No arde la luz enteramente construida de agua.

Nadie pensaba que el mundo
se iba a acabar otra vez por la lluvia.

LANZA GRIEGA

La furia del metal contra la inmovilidad del museo:
lanza griega.
Estuvo en Troya,
la encajó Aquiles,
defendió las Termópilas.
Se encuentra aquí
para enseñarnos cuál es nuestra sed
verdadera, insaciable.

IRREALIDAD

Como fantasma de un espectro vuelvo
a este mundo con mi experiencia que ya no sirve.
Me abruma
atestiguar cómo todo ha cambiado hasta la irrealidad;
cómo fantasía alguna fue capaz
de imaginar cuanto hay ahora, todo lo que es
—y desde luego nadie esperaba.

ENDIOSAMIENTO

Si dejas que alguien te endiose
recuerda
que esta clase de laica
religiosidad acaba siempre
en la propagación del ateísmo.

PINTAR LAS FLORES

Sin previa declaración de guerra invadieron
el país mientras él pintaba sus flores.

Siguieron las batallas y las derrotas.
Él continuó pintando sus flores.

Vino la resistencia contra el terror que desató el ocupante.
Él se obstinó en no abandonar sus flores.

Al fin los que hicieron el mal fueron vencidos.
Él prosiguió pintando sus flores.

Ahora reconocemos qué valiente fue ante todo ese horror
porque nunca dejó de pintar sus flores.

Contra la noche oscura
una pantalla que arde
y una página en blanco.

ORDEN DE LOS REPTILES

Reptil: para nosotros sinónimo
de lo más repugnante.
Sin duda, herencia judeocristiana.

El vil reptil:
criatura del demonio o demonio él mismo.
Rastrero, venenoso, horrible, temible.

¿O será que lo odiamos porque nos parecemos en lo menos grato del ser
y como él, algún día,
terminaremos sin poder andar en dos pies,
arrastrándonos
para salir de nuestro jardín que nunca fue paraíso?

LA FLAUTA MÁGICA

Cómo le hubiera gustado a Mozart entrar
en el Salón Los Ángeles hacia 1960
y sentarse a escuchar su *Flauta mágica*
vuelta habanera y veracruzana
por el gran músico Antonio María Romeu
e interpretada a su propio ritmo por la danzonera
del no menos grande director afrocubanomexicano
Acerina.

Como si la última ópera se hubiera estrenado no en Viena
sino en el Salón México o en el Teatro Blanquita.

LAS PUERTAS DEL TRIUNFO

Cuando después de tantos años de oscuridad le dijeron:
«Ahora
se abren para usted las puertas del triunfo»,
entró en lo que supuso un ascensor para llevarlo a la cumbre.
Pero la jaula no estaba
(era espejismo su brillo)
y cayó en el abismo como una piedra.

ÉPOCAS

Uno siente que el mundo ya se acaba porque cuanto
termina es su vida,
su pobre vida tan independiente de él:
empezó cuando ella misma quiso
y concluirá nadie sabe dónde ni cuándo ni de qué
manera.

Morimos con las épocas que se extinguen,
inventamos edenes que no existieron,
tratamos de explicarnos el gran enigma
de estar aquí un solo largo instante entre el porvenir y el
pasado.

EL SALÓN DE LOS MISTERIOS

Las dulces beatas a la derecha del cuadro,
las cortesanas a la izquierda (bellísimas),
hablaban de lo que hablan las mujeres cuando están solas
—y los hombres nunca sabremos.

MILENIO

Todos esquivan al que intenta darles
las hojitas que anuncian el fin del mundo.
Pero él me cierra el paso y me dice:
«Entre el *clochard* y el teporocho,
el joven asaltante ansioso de *crack* con la navaja en la mano,
la mendiga de llagas supurantes,
los niños combatientes en dos mil guerras de ahora,
los leprosos, los viejos abandonados
en hipócritas campos de exterminio;
entre los *homeless* que huelen a orines y alcohol de muerte
o aquel Gulag atroz en que dejan la vista
las mujeres que cosen vestidos de lujo a diez centavos la
hora,
mientras los jefes de la compañía
y los accionistas que exigen más y más lucro sin pausa
tienen ganancias anuales de mil millones de dólares;
entre los adolescentes inhalantes con el cerebro deshecho,
hijos de la violencia que sólo están aquí para perpetuarla,
las niñas prostitutas rebosantes de sida y droga a los
catorce años,
preñadas de hijos que nacerán enfermos y drogadictos:
entre todo esto y lo demás a la vista
se alza soberbio e insultante y lumínico
el Templo de los Templos,
el santuario electrónico a la deidad de la usura y el oro
plástico.
¿No le parece justo que vuelva Cristo
y actúe como dicen los Evangelios?».

CAMINO DE IMPERFECCIÓN

En tantísimos años sólo llegué a conocer de mí mismo
la cruel parodia, la caricatura insultante
—y nunca pude hallar el original ni el modelo.

GASES

Puro lugar común esta mosca que gira y gira,
muriéndose
bajo el efecto del insecticida.

Debe de ser terrible su agonía inmensa.
Quemada
en su exterior y en su interior,
la mosca víctima de los gases letales,
como aquellos reclutas de Verdun
que terminaban por escupir los pulmones
al comenzar el siglo de la muerte.

RADIO

En su lecho de polvo
encontré el venerable monumento a la ruina:
la radio de madera y tela y bulbos de película antigua.

Hoy está muda aunque en su día trasmitió
la Segunda Guerra Mundial, el desembarco en Normandía,
la toma de Berlín y el suicidio de Hitler,
así como Hiroshima y Nagasaki.

Sobre todo, me enseñó a hablar
y me permitió internarme en el laberinto de las ficciones
(pues la radio de entonces contaba historias).

En ella deben de estar irrecuperablemente guardadas
obras maestras del bolero
como sonaron en su estreno:
Frenesí, Amor perdido, Obsesión, Vereda tropical,
Solamente una vez y otras grandes creaciones de
    Agustín Lara
—y, como es natural, *Bésame mucho.*

LA LENGUA DE LAS COSAS

La lengua de las cosas debe de ser el polvo donde se
comunican sin hablarse.
El polvo o la sombra que proyectan.

Demencia de las cosas cuando su voluntad se rebela
y se esconden frenéticas o se niegan a funcionar
obstinadas.
Únicos medios de rebelión a su alcance,
únicas formas de decirnos que no somos sus amos,
aunque tengamos el poder
de destruirlas y olvidarlas.

POSCOLONIAL

Llegamos tarde al banquete
de las artes y letras occidentales,
como escribió nuestro clásico.
Recogimos las sobras, nadie lo niega.

Pero, con el ingenio de los que no tienen ni en dónde
caerse muertos,
no ha estado nada mal lo que hemos hecho con ellas.

FERNANDO BENÍTEZ EN 1999

Pierdo un poco de sombra cada día
y ya me alumbra el resplandor del hueso.
Ya la mar de los muchos es la mía.
Mientras tanto me fijo en el proceso:
cómo deslumbra lo que se ha perdido,
cómo hasta lo más tenue se hace espeso.
Pierdo un poco de sombra cada día
y ya me alumbra el resplandor del hueso.
Ya la mar de los muchos es la mía.

POEMA DE AMOR CON UNA LÍNEA DE HEMINGWAY
(A Farewell to Arms, 7)

Yosoytú
No
      nos
separes
de
      mí.

EL ÁRBOL DEL RENCOR

Vigilo el crecimiento del rencor
como quien cuida un bonsái que se muere
si uno lo deja solo un solo día.

Mi arbolito de furia,
mi guillotina sin sangre,
el altar
a la mala persona que somos todos.

En la calma chicha
reverberación del ojo por ojo al acecho,
cuerpo deforme del resentimiento,
cuervo posado en la rama del ciprés funerario,
esperando
el cruel instante feliz en que estaremos a mano.

ESPEJO

En el momento preciso
el espejo revela su más profundo secreto
y dice lo que antes nunca había dicho.

CORPORAL

El cuerpo real, lo corporal que se acaba
pero siempre regresa en los otros cuerpos.
Allí encontramos
la única inmortalidad que no es humo.

Desde el acantilado huele el mar a primer instante del
mundo.
Hay gaviotas que vuelan como si desde entonces nada
hubiera ocurrido.
Pero ni sombra de una embarcación.
Esta mañana
los pescadores no zarparon y todo
parece en calma bajo los verdes feroces.

Todo menos las olas que se obstinan desesperadas
—o eso creemos por ahora.
Pues el mar sabe mejor que nadie que el planeta volverá
a ser algún día
el reino de las aguas.

CONTRA HAROLD BLOOM

Al doctor Harold Bloom lamento decirle
que repudio lo que él llamó «la ansiedad de las influencias».
Yo no quiero matar a López Velarde ni a Gorostiza ni a
Paz ni a Sabines.
Por el contrario,
no podría escribir ni sabría qué hacer
en el caso imposible de que no existieran
Zozobra, Muerte sin fin, Piedra de sol, Recuento de poemas.

EL ODIANTE

Como me odiaba el odiante
y me disgustan las escenas
hice hasta lo imposible por evitar los encuentros.
Pero una noche al fin nos vimos de frente
y hablamos como amigos de muchos años.

Lo que otros juzgarán cobardía hipócrita
o afán de congraciarse, no es nada de eso:
Los dos nos conocemos mejor que nadie
y ambos necesitamos uno del otro.

¿Quiénes serán Roy Millot,
Quintal Corbett, Dorothy Hammond,
Wilson Scott, Harriet Parker, los misteriosos
que vivieron antes aquí?

Cada semana llegan cuentas y cartas
que no abro nunca y devuelvo al correo.
Pero me intriga la coincidencia
de estar como ellos de paso.

¿Qué historias habrán vivido en estos dos cuartos?
¿Preservará el insondable espejo
vestigio o testimonio de sus caras?
Por lo demás no dejaron huella.

Al fin de la otra semana
la persona que llegue al apartamento
se hará tal vez
preguntas semejantes en torno a mí.

Compartimos un sitio
al que no volveremos nunca en la vida.
Dejamos escapar entre sus paredes
un sector breve o largo de la existencia.
Fuimos navíos
que se cruzan de noche y en altamar como en el poema
(aquí ya lugar común) de Longfellow.
Pero nunca jamás nos encontraremos.

Como desde el nacer le decimos adiós a todo,
una vez más y siempre me despido.

COMERSE EL MUNDO

[Otro poema de Nueva Orleans]

En las bancas del parque cerca del río
desde la edad tercera observamos atónitos
cómo se dejan caer sobre la ciudad entre el sexual aire
    húmedo
las parejas de jóvenes, la novísima y ávida
generación que nació para el día de gozo y copula
bajo su áspera música alada y despliega
su carnaval de amor rápido.

Qué armonía y plenitud tienen los cuerpos dorados,
vibrantes en un segundo de dicha orgásmica.
Vienen a lo que vienen.
Ellos sí de verdad llegaron para comerse este mundo.

Luego obedecerán a la sombría esclavitud del trabajo,
al sistema de hierro que los obliga a esforzarse
y a consumir hasta la muerte.

Mientras tanto *comerse el mundo*
no es un lugar común en su caso:
quienes vuelan y danzan y se acoplan
son las termitas.
Y poco a poco devoran el viejo centro de Nueva Orleans
sus mandíbulas.
Fauces feroces como taladro implacable.
Insectos inmunes
a los venenos conocidos.

Para iniciar el siglo XXI
las invencibles termitas
se perpetúan sin sosiego en su coito unánime.

Nos creímos los dueños de este planeta:
ante ellas
no somos ni siquiera dioses caídos:
sólo un puñado de polvo
(el polvo que hacen con pico y pala sus fauces)
en las bancas del parque cerca del río.

DESPEDIDA

Fracasé. Fue mi culpa. Lo reconozco.
Pero en manera alguna pido perdón o indulgencia:
Eso me pasa por intentar lo imposible.

ÍNDICE